Rencontres et communication de l'apprentissage
Deuxième édition

Rencontres et communication de l'apprentissage
Deuxième édition

Kathleen Gregory, Caren Cameron, Anne Davies
Préface de Rick Stiggins
Traduction de Josée Picard St-Louis

connect2learning, Courtenay, C-B, Canada

Titre original : Conference and Reporting
© 2011 Texte : Kathleen Gregory, Caren Cameron, Anne Davies
© 2011 Conception graphique du livre : Building Connections Publishing Inc.
© 2011 Préface : Rick Stiggins

Imprimé et relié au Canada par Hignell Printing Limited
21 20 19   7 6 5 4

Catalogage avant publication de Bibliothèque et Archives Canada

Gregory, Kathleen
[Conferencing and Reporting. Français]
    Rencontres et communication de l'apprentissage / Kathleen Gregory, Caren Cameron, Anne Davies ; traduction de Josée Picard St-Louis

Traduction de : Conferencing and Reporting.
Comprend des références bibliographiques.
ISBN 978-1-928092-00-1 (couverture souple)

    1. Élèves - participation aux conférences élève-parents-enseignant. 2. Rencontres conférences élève-parents-enseignant. 3. Élève auto-évaluation. 4. Relations enseignant– élève. I. Cameron, Caren, 1949-, auteur II. Davies, Anne, 1955-, auteur III. Titre. IV. Titre : Conferencing and reporting. Français

LC225.5.G7314 2014   371.103   C2014-901221-7

Chargée de projet : Judith Hall-Patch
Éditrice : Annalee Greenberg
Conception graphique : Karen Armstrong, Mackenzie Duncan, Kelly Giordano

Pour commander des exemplaires supplémentaires du livre, veuillez communiquer avec :

CONNECT②LEARNING

2449D Rosewall Crescent
Courtenay, Colombie Britannique
V9N 8R9 Canada

Téléphone :
1-800-603-9888 (sans frais en Amérique du Nord)
1-250-703-2920
Télécopieur : 1-250-703-2921
Courriel : books@connect2learning.com

Dans le présent ouvrage, le masculin est utilisé sans discrimination, dans le seul but d'alléger le texte.

Remerciements :

Nous tenons à remercier Annalee Greenberg, notre éditrice depuis toutes ces années, en dépit de nos retards. Nous tenons également à remercier Karen Armstrong et Pat Stanton pour leur expertise en conception graphique. Enfin, un remerciement spécial va à Colleen Politano, notre amie et collègue avec qui les discussions sur la participation des apprenants dans les pratiques d'évaluation ont commencé.

Table des matières

3. Questions et réponses   53

Que pensez-vous d'un conseil scolaire qui prescrit la participation des élèves aux conférences et à la communication du rendement? **/53** Les élèves ne sont-ils pas réticents à inviter leurs parents à l'école ou à discuter de ce qu'ils font à l'école? **/53** Comment puis-je faire des conférences élève-parents-enseignant lorsque j'ai plus de 100 élèves? **/54** Comment est-ce possible de trouver le temps de mettre en pratique toutes les idées décrites dans ce livre? **/56** Comment aidez-vous les parents à réagir de façon positive et constructive aux travaux de leurs enfants? **/57** Est-ce qu'il vaut la peine d'impliquer les élèves dans le processus d'évaluation? **/58** Comment peut-on impliquer davantage les parents qui sont pressés par le temps? **/58**

Préface

Au cours des 20 dernières années, nous avons connu une révolution en ce qui concerne notre vision de la manière dont la communication du rendement doit être effectuée afin d'appuyer l'apprentissage des élèves. Parmi les démarches les plus efficaces, nous savons maintenant que les élèves doivent devenir les interlocuteurs de leur croissance en cours d'apprentissage et qu'ils doivent communiquer l'état de leur rendement en utilisant diverses preuves à l'appui. Dans ce petit livre, rempli de stratégies, Anne Davies, Kathleen Gregory et Caren Cameron démontrent précisément comment le personnel enseignant peut bénéficier pleinement de ces démarches.

Rencontres et communication de l'apprentissage offre des stratégies pratiques en vue de faire participer les élèves en tant que partenaires en 1) entamant et en menant des discussions au sujet de leurs apprentissages, et 2) en rencontrant les autres pour communiquer leurs réussites, ce qui fait d'eux des collaborateurs dans la narration de leur histoire. Non seulement les propos de Davies, Gregory et Cameron ont résisté à l'épreuve du temps (propos originalement publiés en 2001), mais, en outre, un nombre grandissant de recherches sont venues entre-temps corroborer leur position selon laquelle ces stratégies ont une incidence positive considérable sur l'apprentissage des élèves (pour de plus amples détails, consulter Hattie et Timperley, 2007).

Avant de se lancer pleinement dans l'étude des stratégies que nous offre ce livre, il est important que le lecteur comprenne les conditions qui permettent la participation de l'élève

dans son évaluation, la consignation de données ainsi que
la communication, afin d'apporter une contribution unique
et influente à l'apprentissage. Ces conditions essentielles
transforment la salle de classe en un environnement dans lequel
les élèves reçoivent un soutien dans le développement d'un
sentiment de contrôle sur leur bien-être scolaire ou, en d'autres
termes, d'un sentiment d'efficacité scolaire. Le professeur
Albert Bandura a étudié le concept d'autoefficacité (ou
sentiment d'efficacité personnelle) en tant que caractéristique
psychologique généralisée, qui peut se définir à l'intérieur d'un
continuum s'étendant de faible à fort. Les deux paragraphes
suivants décrivent les deux extrémités de cette étendue en
termes généralisés; le personnel enseignant pourra toutefois
les envisager en termes éducatifs. Lorsqu'elles sont appliquées
en classe au quotidien avec rigueur et cohérence, les stratégies
décrites dans cet ouvrage peuvent faire progresser les élèves
vers la partie la plus élevée du continuum de l'autoefficacité,
en développant chez eux un sentiment de contrôle de leur bien-
être scolaire.

Un fort sentiment d'efficacité influence les accomplissements et le bien-être personnel de plusieurs façons. Les
personnes possédant un haut degré d'assurance dans
leurs capacités abordent les tâches difficiles comme
des défis à maîtriser plutôt que comme des menaces à
éviter. Elles se fixent des objectifs ambitieux et mainti-
ennent un engagement ferme envers ceux-ci, devenant
pleinement absorbées par le désir d'apprendre ainsi que
d'accroître et de soutenir leurs efforts face à l'échec.
Elles retrouvent vite leur sentiment d'efficacité suite à
un échec ou à un revers, attribuant l'échec à un effort
insuffisant, à des connaissances inadéquates ou à des
compétences déficitaires, lesquels peuvent s'acquérir ...

En revanche, les personnes qui doutent de leurs capacités se défilent devant les tâches difficiles qu'elles perçoivent comme des menaces personnelles. Ces personnes ont peu d'aspirations et un faible engagement envers les objectifs qu'elles choisissent de poursuivre. Lorsqu'elles sont confrontées à des tâches difficiles, elles ne s'attardent qu'à leurs lacunes personnelles et n'anticipent que les obstacles ou les résultats défavorables, plutôt que de se concentrer sur la façon dont elles peuvent réussir. Non seulement elles relâchent les efforts requis et abandonnent la tâche, mais elles sont lentes à s'approprier à nouveau un sentiment d'autoefficacité suite à un échec ou à un revers. Percevant leur rendement insuffisant comme un manque d'aptitudes, elles perdent vite confiance dans leurs habiletés (Bandura, 1994, p. 71; traduction libre).

Afin de comprendre comment les stratégies que proposent Davies, Gregory et Cameron appuient le développement d'un sentiment de contrôle interne de l'apprentissage chez l'élève, examinons leur première proposition sur la façon d'entamer des discussions sur l'apprentissage : les échantillons de travaux. Dans ce contexte, les élèves compilent une série d'échantillons et d'exemples de travaux illustrant les changements survenus dans leurs propres compétences. Ce processus requiert que les élèves comprennent suffisamment quel est le résultat d'apprentissage visé ainsi que les critères de rendement qui s'y rattachent afin d'être en mesure d'observer et de comprendre ces changements. Ils choisissent deux exemples de travaux qui démontrent une amélioration. Ils se préparent ensuite à partager ces exemples, en plus de fournir leur évaluation en tant que preuve d'apprentissage, avec une personne qui leur est chère, soit les parents, les pairs, les enseignants ou d'autres personnes. Bien qu'ils n'aient peut-être pas encore atteint la destination finale que vise le résultat d'apprentissage, les élèves se verront de plus en plus près de la réussite et garderont ainsi le sentiment d'optimisme requis pour continuer leur voyage.

Le GPS (un système de positionnement) constitue une métaphore appropriée pour mieux comprendre ce processus. Lorsqu'une personne utilise un GPS en voiture, en bateau ou en avion, celle-ci crée de bonnes conditions pour arriver à destination. Elle programme la destination en fonction de sa position actuelle. L'ordinateur calcule les points de cheminement et suit les progrès de point en point, informant le voyageur de son emplacement actuel. Les stratégies de conférences et de communication du rendement retrouvés dans ce livre représentent le GPS de l'apprentissage des élèves et de la réussite de ces derniers. Le personnel enseignant détermine la destination finale que vise le résultat d'apprentissage, puis en fait part aux élèves. Ensemble, ils utilisent le processus d'évaluation en salle de classe afin de déterminer la position de l'élève. Ensuite, travaillant de concert, ils notent les points de cheminement au fur et à mesure que progresse l'élève, jusqu'à ce que ce dernier arrive à destination : à l'atteinte du résultat d'apprentissage. Ces stratégies de discussions en matière d'apprentissage représentent divers types de « carnets de bord » montrant la voie vers la réalisation des objectifs.

Le lecteur devrait envisager la section du livre consacrée aux conférences dirigées par l'élève comme une célébration de l'arrivée à destination suivie de la détermination de l'itinéraire des prochaines étapes. En fait, j'ai observé des parents émus jusqu'aux larmes, remplis de fierté et de surprise à l'égard de ce que leur enfant était capable de démontrer durant les conférences dirigées par l'élève. Ils voient et entendent leur enfant décrire et démontrer des compétences qu'ils ignoraient que celui-ci possédait.

Les auteures présentent des consignes claires et spécifiques indiquant comment se préparer aux conférences, que faire pendant et après celles-ci afin que les apprenants éprouvent un sentiment de fierté à l'égard de ce qu'ils ont accompli et afin d'établir un lien entre les accomplissements des élèves et leurs plans relatifs aux prochaines étapes de leur apprentissage.

Pendant des décennies, nous avons fondé notre travail sur l'hypothèse selon laquelle les évaluations devaient être effectuées par l'enseignant pour l'élève. Nous avons cru que, si nous pouvions seulement placer les bonnes preuves d'apprentissage entre les mains des enseignants, ces derniers prendraient toutes les bonnes décisions en matière d'instruction et, de ce fait, les écoles gagneraient en efficacité. Ces idées ne sont pas erronées, mais elles sont incomplètes puisqu'elles ne tiennent pas compte du fait que les élèves peuvent devenir eux aussi partie prenante des décisions éducatives fondées sur des données. Par exemple, les apprenants peuvent interpréter leurs propres preuves d'apprentissage et déterminer si la cible est à leur portée et s'ils devraient prendre le risque d'essayer de l'atteindre. En tant qu'éducateurs, notre omission collective a été de ne pas avoir pris conscience du fait que les élèves ont la responsabilité première à l'égard de la prise de décision. En bout de ligne, peu importe ce que l'enseignant décide, car si les élèves abandonnent, l'apprentissage prend fin. Ce livre vise à aider les élèves à prendre des décisions fructueuses afin de poursuivre et de réussir leurs études. Lorsqu'ils prennent de bonnes décisions, leur rendement monte en flèche. J'encourage donc les lecteurs de profiter pleinement des outils de ce livre.

Rick Stiggins
Pearson Institut de formation en matière d'évaluation
Portland, OR

Références

Bandura, A. (1994). « Self-efficacy », dans V. S. Ramachaudran (dir.), *Encyclopedia of Human Behavior* (vol. 4, p. 71-81). New York, Academic Press.

Hattie, J., et H. Timperley. (2007). « The power of feedback », *Review of Educational Research*, 77(1), 81-112.

Introduction

La transformation des conférences et de la communication du rendement

Le processus en matière de conférences et de communication du rendement s'est transformé, passant d'une approche dirigée par l'enseignant à la fin de l'année scolaire à une approche collaborative et continue conçue pour soutenir l'élève durant toute l'année scolaire. De nombreux enseignants et parents reconnaissent à présent que les conférences ainsi que la communication du rendement ont lieu lorsque :

- les élèves présentent des échantillons de travaux à une personne à la maison, puis en discutent;

- les parents examinent le site Web de leur fille et lui offrent une rétroaction descriptive en précisant les sections qu'ils préfèrent et en lui posant des questions;

- un oncle participe à la rencontre « après-midi portfolio » afin d'examiner le portfolio de son neveu et de rédiger trois éléments qu'il a remarqués au sujet des travaux de son neveu;

- les élèves invitent leur ancienne enseignante de maternelle à leur présentation de poèmes durant laquelle ils démontrent leurs habiletés;

- l'élève, les parents ainsi que l'enseignant se rencontrent pour examiner les travaux de l'élève et fixer de nouveaux objectifs.

Les parents, les élèves, et les enseignants identifient les pratiques efficaces en matière de conférences et de communication du rendement qui permettent de communiquer efficacement les progrès de l'élève et de soutenir son apprentissage.

Voici les caractéristiques de ces pratiques :

- les élèves assument un rôle de premier plan;

- des échantillons de travaux ou des démonstrations sont utilisés en tant que preuves d'apprentissage;

- les élèves invitent un auditoire à participer au processus;

- l'auditoire joue un rôle actif et offre une rétroaction spécifique aux apprenants.

Les élèves assument un rôle de premier plan

Pour assumer un rôle de premier plan durant les conférences et la communication du rendement, les élèves doivent se préparer en recueillant des échantillons de travaux, en choisissant leurs documents préférés et en réfléchissant à leur propre apprentissage. Ils présentent leurs apprentissages à un auditoire invité, en discutent, puis fournissent des preuves à l'appui de ces apprentissages. Ils demandent une rétroaction aux membres de cet auditoire, laquelle leur permettra de s'améliorer. Ils deviennent ainsi des partenaires actifs dans le processus de conférence et de communication du rendement.

L'auditoire, un élément essentiel au processus

La présence d'un auditoire formé de personnes que les élèves connaissent et apprécient leur donne une raison de recueillir des travaux, de discuter de leurs apprentissages et de démontrer leurs habiletés. Pour jouer un rôle actif, l'auditoire doit offrir une rétroaction spécifique aux élèves afin de les appuyer dans leur parcours. Durant ces rencontres de communication du rendement, l'auditoire peut être composé de personnes autres que les parents et les tuteurs et comporter des membres de la parenté, des amis de la famille, des entraîneurs, d'anciens enseignants, des membres de la communauté, de futurs employeurs ou des experts dans un domaine. Toute personne intéressée dans l'apprentissage de l'élève et qui est importante pour celui-ci peut en faire partie.

Le soutien à l'apprentissage de l'élève

Les recherches démontrent que lorsque les élèves sont impliqués dans le processus d'évaluation – en apprenant à exprimer ce qu'ils ont appris et ce qu'ils doivent améliorer – leur rendement s'améliore (Black et Wiliam, 1998; Stiggins, 2001). Lorsque nous leur présentons des choix, les élèves sont motivés. (Jensen 1998; Kohn 1999). De plus, les apprenants reçoivent un appui lorsqu'un auditoire démontre un intérêt sincère dans leur apprentissage (Henderson et Berla, 1995; Werner et Smith, 1992) et leur offre une rétroaction descriptive (Sutton, 1997; Wiggins, 1993). Finalement, lorsque les élèves communiquent leurs apprentissages en utilisant une variété d'échantillons de travaux, ils vont au-delà de ce que peuvent démontrer les notes, les cotes et les nombres à eux seuls; ils sont en mesure d'examiner la profondeur, les détails et l'envergure de leur apprentissage. À partir de cette information, ils peuvent identifier leurs points forts et déterminer ce sur quoi ils doivent travailler pour s'améliorer.

Dans ce livre, nous décrivons des façons de mener les conférences et de communiquer le rendement afin d'appuyer les élèves. Au chapitre 1, nous décrivons dix façons d'organiser des conférences et de communiquer le rendement où ce sont les élèves qui entament les discussions au sujet de leur apprentissage, et ce, à n'importe quel moment durant le trimestre. Au chapitre 2, nous décrivons trois façons d'organiser des conférences et de communiquer le rendement où les parents, l'enseignant et l'élève se réunissent afin d'examiner les apprentissages effectués au cours du trimestre. Au chapitre 3, nous offrons des réponses à certaines préoccupations et questions fréquentes des élèves, des enseignants, des directions et des parents.

Nous savons qu'il existe un éventail de politiques concernant les conférences et la communication du rendement que doivent respecter les enseignants. Nous vous invitons donc à choisir les idées qui vous intéressent et qui sont adaptées à votre situation; veuillez les adapter plutôt que les adopter, afin qu'elles répondent à vos besoins et à ceux de vos élèves.

1. Entamer des discussions sur l'apprentissage

Dans ce chapitre, nous décrivons dix idées qui montrent la façon dont les élèves peuvent entamer des discussions informelles sur leur apprentissage. Ces discussions :

- sont planifiées à l'école par les élèves, avec l'aide de l'enseignant;

- se déroulent entre l'élève et un auditoire à l'extérieur de l'école;

- ont lieu à n'importe quel moment durant l'année scolaire;

- servent à communiquer concrètement les apprentissages de l'élève, d'une façon qui va au-delà des notes et des cotes;

- invitent l'auditoire à offrir une rétroaction sur l'apprentissage.

Nous présentons les étapes spécifiques préparant les élèves à assumer un rôle de premier plan dans le processus de conférence et de communication du rendement. Nous présentons des exemples de réflexions des élèves et de rétroactions de l'auditoire, ainsi que des adaptations qui ont donné de bons résultats, aussi bien pour nous que pour nos collègues.

Merci de remarquer mon amélioration en : *Sérigraphie*

Échantillon 1

(Le 13 octobre) C'est la première fois que je fais de la sérigraphie. C'était difficile de placer les motifs de façon à obtenir l'effet désiré.

Échantillon 2

(Le 28 octobre) Les couleurs sont claires et ne sont pas striées.

Nicholas

Réponse :

J'ai remarqué une amélioration...

des couleurs et j'ai vraiment aimé le modèle de l'Halloween.

Autres commentaires...

Continue ton beau travail! Je sais que tu aimes faire ceci.

Je t'aime,
Maman
(Dorothée C.)

Figure 1 : Échantillons de travaux

Les échantillons de travaux

Les élèves choisissent des échantillons de travaux à apporter à la maison, lesquels démontrent le progrès de leur apprentissage. Ils présentent ces échantillons à un auditoire ciblé, en discutent, puis demandent une rétroaction.

1. Mentionnez aux élèves qu'ils devront conserver des échantillons de travaux tout au long du trimestre, par exemple, des laboratoires de sciences, des contrôles, des exercices d'écriture, des cartes conceptuelles ou des résolutions de problèmes.

2. Invitez les élèves à sélectionner deux exemples de travaux issus de tâches similaires et qui démontrent un certain progrès.

3. Demandez aux élèves de penser à une personne qui pourrait se montrer intéressée à examiner et à commenter les travaux sélectionnés. Remettez-leur un formulaire d'autoévaluation qui leur permettra de mettre en évidence leur progrès (voir la figure 1).

4. Invitez les élèves à apporter les travaux sélectionnés à la maison afin de les présenter aux personnes qui pourront leur offrir une rétroaction en remplissant la section « Réponse » du formulaire.

ADAPTATIONS

Lorsque nous savons que les parents souhaitent voir des exemples liés à une habileté spécifique, par exemple l'orthographe ou les calculs mathématiques, nous organisons les échantillons de travaux de façon à ce que les parents puissent observer les progrès accomplis relativement à cette habileté.

Les élèves ont le choix de rapporter ces échantillons de travaux et la rétroaction à l'école afin de les insérer dans leur portfolio ou ils peuvent les garder à la maison.

L'après-midi portfolio

Les élèves recueillent des échantillons de travaux tout au long du trimestre et les classent dans leur portfolio. Pour chaque travail sélectionné, les élèves rédigent un commentaire justifiant leur choix et ce qu'ils aimeraient que l'auditoire remarque au sujet de ce travail. L'enseignant détermine une date pour tenir un après-midi portfolio. Les élèves invitent une personne chère à venir examiner leur portfolio. Les personnes invitées offrent une rétroaction à l'apprenant.

1. Au début du trimestre, expliquez aux élèves qu'ils doivent conserver des exemples de travaux, de façon à ce qu'ils puissent voir des preuves de leur apprentissage et les montrer aux autres.

2. Au cours du trimestre, assurez-vous que les élèves conservent un éventail de travaux parmi lesquels ils pourront choisir lorsqu'ils prépareront leur portfolio.

3. Demandez aux élèves de choisir les travaux à insérer dans leur portfolio. Afin d'aider

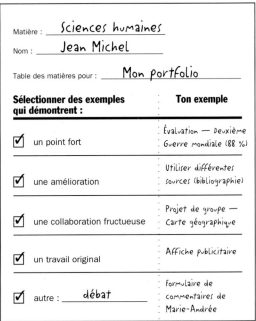

Figure 2 : Table des matières pour le portfolio
Document reproductible en annexe, page 62

Deux raisons pour lesquelles j'ai sélectionné ce document...

- Je peux maintenant dresser une bibliographie correctement.

- J'ai utilisé l'encyclopédie Encarta, un livre et une vidéo au sujet de la Deuxième Guerre mondiale.

Date : Le 12 janvier   Signature : Jean

Figure 3 : Commentaires de l'élève

Merci de remarquer :

☐ Favori
☐ Amélioration
☐ À supprimer!
☑ Défi
☐ _____

J'ai choisi ce travail parce que c'était vraiment difficile et que je n'avais jamais fait cela auparavant.

Date : Le 17 octobre   Signature : Danielle

les élèves, l'enseignant peut fournir une table des matières. Les élèves peuvent ensuite sélectionner les travaux qui correspondent aux éléments énumérés dans la table des matières (voir la figure 2).

4.   Invitez les élèves à rédiger un commentaire pour chacun des documents sélectionnés en remplissant un formulaire indiquant ce qu'ils aimeraient que les autres remarquent concernant leur travail (voir la figure 3).

5.   En tant que groupe-classe, faites un remue-méninges afin de dresser une liste d'invités possibles pour l'après-midi portfolio (voir la figure 4).

6. Demandez aux élèves d'écrire une invitation à une ou à plusieurs des personnes de la liste (voir la figure 5).

7. Offrez l'occasion aux élèves de répéter leur présentation en classe en montrant le contenu de leur portfolio à un autre élève, puis en discutant des travaux qui s'y trouvent.

8. Réservez une salle pour la rencontre (p. ex., la bibliothèque).

9. Avec les élèves, prévoyez des rafraîchissements pour les invités.

Suggestions d'invités

Parents ou parents par remariage

Anciens directeur d'école et enseignants

Parenté (oncles, tantes, grands-parents)

Personnel de l'école (concierge, secrétaire, autres enseignants, bibliothécaire, conseiller en orientation)

Entraîneurs

Amis de la famille

Figure 4 : Remue-méninges – Liste des invités

_____
DATE

Chère, Cher _____

Le _____ les élèves de notre classe
     DATE
présenteront leur portfolio à leurs parents et à des invités spéciaux. À cette date, nous vous demandons :

- de vous présenter à la salle _____ à _____;
                    SALLE   HEURE
- d'examiner mon portfolio;
- de m'offrir une rétroaction au sujet des travaux que j'ai sélectionnés.

Lors de la rencontre, merci de noter que :

-
-
-

Veuillez confirmer votre présence à cette rencontre afin que je puisse en aviser _____.
                  NOM DE L'ENSEIGNANT

Je vous prie d'agréer,

_____
SIGNATURE

Figure 5 : Formulaire d'invitation pour l'après-midi portfolio

10. Durant l'après-midi portfolio, demandez aux élèves de vous présenter leurs invités dès leur arrivée.

11. Invitez les élèves à présenter leur portfolio à leurs invités, puis à en discuter avec eux. Demandez aux invités de remplir le formulaire de rétroaction avant leur départ (voir la figure 6).

Après-midi portfolio **Rétroaction de l'auditoire**

Deux compliments pour : ___Catherine___

- il est évident que tu as déployé beaucoup d'efforts pour accomplir ton travail
- j'ai beaucoup aimé les mémoires que tu as rédigés au sujet de ton grand-père durant la guerre

Une chose que j'aimerais voir la prochaine fois :
- D'autres travaux aussi bons : continue ton excellent travail!

Date : ___Le 21 Février___   Signature : ___J. Ménard___

Figure 6 :
Formulaire de
rétroaction
Document reproductible
en annexe, p. 63

12. Faites un retour sur l'après-midi portfolio en posant des questions telles que : « Qu'est-ce qui a bien fonctionné? », « Qu'est-ce qui n'a pas bien fonctionné? », « Que pourrions-nous améliorer la prochaine fois? ».

ADAPTATIONS

Si un parent ou tout autre invité se trouve dans l'impossibilité d'assister à l'après-midi portfolio à la date prévue, nous suggérons à l'élève de fixer un rendez-vous à un autre moment, à l'extérieur des heures de classe, pour présenter son portfolio (voir l'activité « Présentation à la maison », p. 33).

Parfois, nous appuyons les élèves qui ont besoin de soutien durant l'après-midi portfolio en assistant à une partie de leurs discussions.

Certains élèves choisissent de présenter leur portfolio à d'autres parents et invités et leur demandent de remplir le formulaire de rétroaction.

Les enveloppes d'objectifs

Les élèves se fixent un objectif d'apprentissage personnel. Ils recueillent et insèrent des preuves d'apprentissage dans une enveloppe afin de démontrer à un auditoire de quelle façon ils sont en voie d'atteindre leurs objectifs ou les ont atteints. Les élèves déterminent une date, une heure, un lieu et un auditoire en vue de présenter leurs accomplissements.

1. Aidez les élèves à déterminer des objectifs d'apprentissage personnels. Posez des questions telles que : « Que souhaites-tu accomplir dans ce cours d'ici la fin du trimestre? », « Quelle habileté aimerais-tu améliorer? », « Nomme une chose que tu aimerais essayer dans ce cours et que tu n'as jamais accomplie auparavant ». (Pour de plus amples renseignements sur la démarche à suivre pour fixer des objectifs d'apprentissage personnels, consulter le chapitre 2 du livre intitulé *L'autoévaluation et la détermination des objectifs*, le deuxième livre de cette série.)

2. Présentez aux élèves un exemple achevé d'une enveloppe d'objectifs. Expliquez-leur que le fait de présenter leurs preuves d'apprentissage à diverses personnes les aidera à se concentrer sur leurs objectifs. La collecte de preuves d'apprentissage leur permet de constater qu'ils progressent (voir la figure 7).

3. Agrafez un formulaire, comme celui de la figure 7, à une grande enveloppe que vous remettrez à chaque élève. À toutes les deux ou trois semaines, allouez du temps en classe aux élèves afin qu'ils puissent recueillir des preuves d'apprentissage liées à leurs objectifs.

4. Allouez du temps aux élèves pour qu'ils présentent leurs preuves d'apprentissage à un autre élève et en discutent.

5. Examinez les preuves d'apprentissage que les élèves ont insérées dans leur enveloppe. Par la suite, invitez les élèves à les présenter à une personne à l'extérieur de l'école et à démontrer la façon dont ils ont atteint leurs objectifs ou la façon dont ils sont en voie de les atteindre.

6. Demandez aux élèves d'inviter leur auditoire à commenter leurs travaux en écrivant une rétroaction sur le formulaire agrafé à l'enveloppe.

Enveloppe d'objectifs de : _Julie_

Rétroaction de :
Mme Charbonneau

Étape : _1_

Matière (s) _Mathématiques_

Mon objectif pour cette étape est :

de faire tous mes devoirs de mathématiques

durant le reste du trimestre

Mes preuves démontrent que :

☐ je travaille à atteindre mon objectif

☑ j'ai atteint mon objectif

1. _mon agenda est signé_

2. _regarde mon cahier de mathématiques (mes devoirs sont faits)_

3. _le commentaire dans mon bulletin_

Félicitations :

– _d'avoir terminé tous tes devoirs ce mois-ci._

– _d'avoir apporté ton agenda à la maison afin que je puisse le signer._

La prochaine fois :

Continue ton excellent travail... ça vaut la peine!

Étape : _____   Matière (s) _____

Mon objectif pour cette étape est :

_____

_____

Mes preuves démontrent que :

☐ je travaille à atteindre mon objectif

☐ j'ai atteint mon objectif

1. _____

2. _____

3. _____

Rétroaction de : _____

Félicitations :

La prochaine fois :

Figure 7 : Enveloppe d'objectifs Document reproductible en annexe, p. 64

ADAPTATIONS

Certains collègues demandent aux élèves de présenter leur enveloppe d'objectifs durant une conférence parents-enseignant.

Les stations de présentation de projets

Les élèves accomplissent des projets ou des tâches en classe. Au cours de l'année scolaire, ils invitent des personnes à se rendre à l'école pour voir ces projets. Les invités examinent ceux-ci, posent des questions et offrent des commentaires spécifiques.

1. En groupe-classe, dressez une liste d'invités que les élèves aimeraient inviter à la présentation pour voir leurs projets individuels ou collectifs.

2. Déterminez la date et le lieu de la présentation de projets.

3. Demandez aux élèves de choisir une ou deux personnes de la liste. Remettez aux élèves les formulaires d'invitation à remplir. Les élèves peuvent les poster ou les remettre eux-mêmes à leurs invités (voir la figure 8).

4. Le jour de l'événement, demandez aux élèves d'installer leurs projets dans les zones désignées, ou stations, lesquelles sont numérotées afin que les invités puissent circuler d'un projet à l'autre avec aisance.

Chère, Cher   M. Bougie   ,

Je vous invite à venir voir mon projet portant sur

L'écosystème   .

Date :   le 22 février

Heure :   14 h à 15 h

Lieu :   La bibliothèque de l'école L'Odyssée

Lors de cette rencontre, veuillez noter que :

- j'ai travaillé avec Michel et Julie

- nous avons complété tout le travail

- nous avons conçu un modèle.

Merci de confirmer votre présence à cette rencontre.

Je vous prie d'accepter,

Katherine

Figure 8 : Invitation : Stations de présentation de projets

5. Demandez aux élèves de vous présenter leurs invités dès leur arrivée. Remettez un formulaire de rétroaction à chacun d'eux. Ils pourront remplir celui-ci lors de leur visite à chaque station.

6. Les élèves demandent à leurs invités de commencer la visite à leur station; ces derniers pourront par la suite se diriger vers les autres stations.

7. Demandez aux invités de remplir le formulaire de rétroaction à chaque station qu'ils visitent (voir la figure 9).

8. Recueillez les formulaires de rétroaction à mesure que les invités repartent.

9. Le lendemain, remettez aux élèves les formulaires de rétroaction se rapportant à leur station. Demandez-leur comment ils ont perçu l'événement en posant des questions telles que : « Qu'avez-vous aimé de la rencontre? », « Que changeriez-vous la prochaine fois? », « Qu'est-ce qui vous a surpris? ».

ADAPTATIONS

Certains collègues ont connu un franc succès avec des stations où étaient présentés des projets de recherche, des projets de menuiserie, des pages Web et des productions vidéo.

Figure 9 : Formulaire de rétroaction :
Stations de présentation de projets

Prise de photos

Chaque élève choisit une photo de lui qui a été prise en classe ou vous lui en remettez une. Par la suite, invitez les élèves à rédiger des commentaires au sujet de l'apprentissage que représente leur photo.

1. Prenez des photos des élèves en classe lorsqu'ils travaillent à un projet ou à une tâches spécifiques; par exemple, durant une activité où les élèves mettent en application le processus scientifique, travaillent en équipe, ou présentent une production visuelle ou artistique.

2. Remettez une photo à chacun des élèves. Demandez à ceux-ci de remplir un formulaire servant à communiquer à un auditoire l'apprentissage que représente la photo (voir la figure 10).

3. Invitez les élèves à présenter la photo accompagnée de la description de l'apprentissage à une personne à la maison.

4. Invitez les élèves à parler de leur photo et à poser des questions à leur auditoire, telles que : « Qu'avez-vous remarqué? », « Qu'aimeriez-vous savoir de plus au sujet de ce travail? ».

Prise de photos

Je vous prie de porter une attention particulière à cette photo. C'est une photo de : _moi incarnant le personnage que j'ai joué lors de mon premier rôle dans une pièce de théâtre._

Merci de remarquer que :
- Il a fallu environ trois heures pour appliquer mon maquillage.
- Ce sont mes vrais cheveux!
- J'ai appris qu'il faut mettre beaucoup de soi-même dans le personnage pour le rendre crédible.

Date : _le 20 janvier_   Signature : _Antoine_

Figure 10 : Une photo vaut mille mots
Document reproductible en annexe, p. 65

ADAPTATIONS

Nous offrons à l'élève le choix de rapporter la photo à l'école pour l'insérer dans son portfolio ou de la garder à la maison.

Certains collègues utilisent des enregistrements audio ou vidéo plutôt que des photos.

Critères pour la résolution de problème	Détails
Comprendre le problème et choisir une stratégie pour le résoudre.	− utilise des diagrammes ou des objets pour comprendre le problème − peut identifier qu'une partie est manquante (nécessite plus d'information) − discute du problème à résoudre avec quelqu'un (le lit à voix haute) − essaye diverses façons de résoudre le problème jusqu'à ce qu'une méthode fonctionne − pense à d'autres problèmes semblables résolus dans le passé − décortique le problème en étapes
Effectuer la démarche de calcul avec exactitude	− effectue les étapes dans le bon ordre − obtient la bonne réponse − vérifie la solution − la réponse doit être logique
Expliquer à quelqu'un la stratégie utilisée pour résoudre le problème	− une fois le problème résolu, expose à une personne la démarche menant à la réponse − peut expliquer la façon de résoudre le problème
Donner un exemple relié à la vie courante	− pense à des tâches où nous appliquons cette méthode (p. ex., nous appliquons cette méthode lorsque nous achetons des tapis pour la maison)

Figure 11a : Diagramme en T pour les critères

Les critères et les preuves d'apprentissage

Les élèves apportent un échantillon de travail à la maison, accompagné de la liste de critères élaborée en classe. Ils expliquent les critères à un auditoire. Ils indiquent où, dans leur travail, ils ont atteint les critères et précisent ce qu'ils doivent continuer de travailler. Par la suite, ils demandent à l'auditoire de leur offrir une rétroaction.

1. L'enseignant et les élèves élaborent ensemble les critères de l'activité. Posez la question : « Qu'est-ce qui est important dans …? ». Les élèves et l'enseignant font une séance de remue-méninges afin de déterminer les caractéristiques d'un travail de qualité pour l'activité assignée. Ils trient et classent les idées en catégories avant de préparer un diagramme en T (voir la figure 11a). (Pour de plus amples renseignements au sujet de l'établissement des critères, consulter *Établir et utiliser des critères*, le premier livre de cette série.)

2. Invitez les élèves d'apporter à la maison un travail qu'ils ont eux-mêmes choisi et qui a été évalué par l'enseignant d'après les critères établis (voir les figures 11a et 11b).

Critères d'évaluation pour la résolution de problème	Acquis	En voie d'acquisition
Comprendre le problème et choisir une stratégie pour le résoudre	✓	
Effectuer le calcul avec exactitude		✓
Expliquer à quelqu'un la stratégie utilisée pour résoudre le problème	✓	
Donner un exemple relié à la vie courante		✓

Figure 11b : Critères d'évaluation

3. Demandez aux élèves d'expliquer les critères à l'auditoire de la maison, en faisant ressortir les critères qu'ils ont atteints et ceux qu'ils sont en voie d'atteindre.

4. Les élèves demandent à leur auditoire d'utiliser la liste de contrôle pour indiquer leur degré de compréhension des critères (voir la figure 12).

Rétroaction de _____

	C'est clair	Ce n'est pas clair
1. Après avoir lu les critères, je comprends ce qui était demandé dans ce travail.		
2. Les critères m'ont aidé à déterminer ce qui était correctement accompli dans ton travail.		
3. Je peux déterminer ce sur quoi tu dois travailler dans les prochaines étapes.		

Commentaires :

_____

_____

_____

_____

Figure 12 : Liste de contrôle
Document reproductible en annexe, p. 66

Les cartes conceptuelles

Les élèves conçoivent une carte conceptuelle en classe. Ils choisissent un auditoire et présentent leur carte conceptuelle aux membres de cet auditoire, puis en discutent. L'auditoire écoute, pose des questions et offre une rétroaction.

1. Devant la classe, concevez une carte conceptuelle, en réfléchissant à voix haute durant le processus. Ce faisant, vous montrez par modelage la démarche de création d'une carte conceptuelle.

2. Posez des questions aux élèves, telles que : « Qu'avez-vous appris en écoutant mon processus de pensée et en examinant la carte conceptuelle? », « Quelle partie n'est pas claire? », « Qu'auriez-vous ajouté à la carte conceptuelle? ».

3. Allouez du temps aux élèves en classe afin qu'ils puissent créer leur propre carte conceptuelle (voir la figure 13) illustrant leur compréhension d'un concept (p. ex., la photosynthèse, l'évolution de l'humanité, le système parlementaire, les guerres médiévales, le plan d'une histoire). Invitez les élèves à présenter leur carte conceptuelle à un autre élève.

4. Parmi les cartes conceptuelles qu'ils ont conçues, demandez aux élèves de sélectionner celle qu'ils préfèrent, puis invitez-les à la présenter et en discuter avec un auditoire à l'extérieur de la classe.

5. Après avoir présenté leur carte conceptuelle, les élèves posent des questions, telles que : « Qu'as-tu appris en écoutant mes réflexions et en examinant ma carte conceptuelle? », « Quelle partie de mes réflexions était claire pour toi? », « Quelle partie de mes réflexions était moins claire? », « Qu'ajouterais-tu à ma carte conceptuelle? »

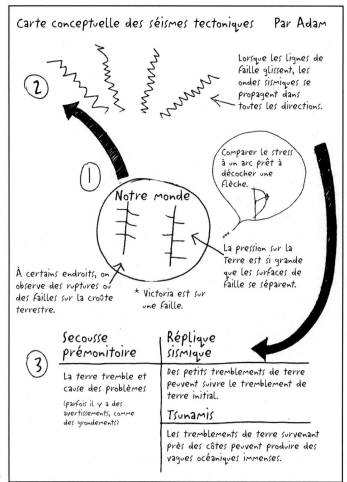

**Figure 13 :
Les cartes
conceptuelles**

ADAPTATIONS

Un collègue demande à ses élèves de concevoir une carte
conceptuelle au début d'une unité d'apprentissage en
utilisant un stylo d'une couleur de leur choix. À la fin de l'unité
d'apprentissage, il demande aux élèves de reprendre la carte
conceptuelle et d'y ajouter les concepts appris en utilisant un
stylo d'une couleur différente. Lorsque les élèves présentent
leur carte conceptuelle complétée à un auditoire, ils peuvent
alors montrer les connaissances qu'ils ont acquises.

Les présentations à la maison

À la maison, les élèves présentent une de leurs habiletés à des membres de la famille. L'auditoire écoute, puis commente la présentation.

1. Demandez aux élèves d'organiser une présentation à la maison durant laquelle ils exécutent une tâche ou appliquent une compétence spécifique apprise en classe (p. ex., une technique culinaire ou artistique, la présentation d'un poème, un mouvement de danse, une compétence en informatique, une habileté sportive) devant une ou plusieurs personnes.

2. Remettez un formulaire aux élèves dans lequel ils souligneront trois éléments qu'ils aimeraient que l'auditoire remarque (voir la figure 14).

3. Lors de la présentation, l'élève remet le formulaire à son auditoire et explique les éléments à observer. L'élève exécute ensuite sa tâche ou applique sa compétence.

4. Après la présentation, l'élève demande une rétroaction à son auditoire.

Présentation à la maison de : _Raymond_

Je vais : _jouer « Partons vite » de Kaolin sur ma guitare_

Merci de remarquer que :

- _Je peux jouer cette pièce musicale facilement_
- _je connais quatre accords_
- _je peux changer d'accord rapidement_

Date : _____

Rétroaction de l'auditoire par _Noëlla_

Après avoir écouté ou regardé ta présentation, je veux te féliciter : _d'avoir très bien joué la pièce de musique choisie et de l'avoir jouée au complet, sans interruption._

J'aimerais également ajouter : _que tu t'améliores._

_____

Figure 14 : Présentation à la maison

Les présentations à l'école

Avant de présenter leurs habiletés, les élèves précisent aux membres de l'auditoire les éléments qu'ils aimeraient que ceux-ci observent. Les membres de l'auditoire sont invités à offrir une rétroaction spécifique aux élèves qui font une présentation.

1. Demandez aux élèves de remettre le formulaire de rétroaction aux membres de l'auditoire dès leur arrivée. Un ou plusieurs élèves annoncent la présentation (p. ex., un concert de musique, une production théâtrale, un tournoi de débat, une lecture de textes de théâtre, une démonstration de gymnastique) et indiquent les habiletés spécifiques en jeu. Les élèves mentionnent à l'auditoire les aspects à noter (voir la figure 15).

2. Après la présentation, les élèves demandent à l'auditoire de remplir le formulaire de rétroaction et de le remettre avant de repartir. Les élèves remercient les membres de l'auditoire de leur participation (voir la figure 15).

Figure 15 : Présentation à l'école – Formulaire de rétroaction de l'auditoire

Les bulletins d'information personnels

Les élèves utilisent le format d'un bulletin d'information pour consigner leur apprentissage. Ils choisissent les membres d'un auditoire auxquels ils remettront leur bulletin d'information, puis demanderont une rétroaction spécifique.

1. Présentez un exemple de bulletin d'information personnel aux élèves (il peut s'agir d'un bulletin d'information préparé par un élève d'une année antérieure ou d'un échantillon que vous avez créé). Animez une discussion sur les objectifs de la communication de l'apprentissage avec les autres et sur le contenu possible du bulletin d'information.

2. Posez la question : « Qui connaissez-vous (qui est plus âgé que vous) qui serait intéressé à recevoir votre bulletin d'information personnel? ». En groupe-classe, dressez une liste de ces personnes potentielles.

3. À partir de cette liste, les élèves sélectionnent un auditoire pour leur bulletin d'information.

4. Présentez aux élèves un cadre de planification afin de les aider à amorcer le travail (voir la figure 16).

5. Allouez du temps en classe aux élèves afin qu'ils puissent élaborer des bulletins d'information au cours du trimestre. Les élèves peuvent également concevoir un formulaire de rétroaction à remettre à leur auditoire.

6. Invitez les élèves à inclure des extraits de leurs bulletins d'information dans leur portfolio.

Titre de la manchette : Gabriel fait de l'art dramatique

Par : Gabriel S.

Date et lieu : 15 mars, Saanich

Jusqu'à présent, dans le cours d'art dramatique de 10e année, nous avons travaillé les éléments suivants :

- improvisation
- lecture de scénarios
- cadrage

Je suis bonne ou bon à... improviser, particulièrement lorsque Mathieu et moi avons présenté une parodie d'Archie Andrews.

Je m'améliore à... me calmer et à me détendre

Je dois améliorer... ma concentration

Une chose que je souhaite faire... interpréter un rôle au théâtre de l'école

Un mot pour décrire mes efforts en classe... « Excellent! »

Une chose que j'aimerais ajouter... j'ai apprécié l'ovation que nous avons reçue de l'auditoire.

Figure 16 : Bulletin d'information personnel

Document reproductible en annexe, p. 67

ADAPTATIONS

Certains élèves font part de leur apprentissage à leurs parents ou à d'autres membres de la famille au moyen de discussions structurées par courrier électronique.

2. Impliquer les élèves dans les conférences

Dans ce chapitre, nous décrivons trois types de conférences durant lesquelles les élèves passent en revue les apprentissages qui ont pris place durant le trimestre. Le premier type de conférences que nous décrivons, lequel s'inscrit dans le prolongement de la conférence parents-enseignant, invite l'élève, les parents et l'enseignant à jouer un rôle actif dans le processus. Le deuxième type de conférences vise les élèves ayant des besoins particuliers et qui ont un plan d'enseignement individualisé (PEI). Le troisième type de conférences, qui se déroule entre l'enseignant et l'élève, exige que les élèves démontrent leurs apprentissages par rapport aux critères ou aux objectifs du cours. Chaque type de conférences :

- est planifié par l'enseignant, a lieu à l'école et suit un ordre du jour.

- exige que les élèves se préparent et jouent un rôle de premier plan.

- de passer en revue l'apprentissage des élèves à la fin du trimestre en utilisant des échantillons de travaux.

- exige que chaque participant joue un rôle actif dans le processus.

- peut inclure un rapport écrit sommaire.

Pour chaque type de conférences et de communication du rendement, nous exposons les difficultés d'ordre logistique, décrivons les rôles de chaque participant et fournissons des modèles de formulaires, de dépliants et d'ordre du jour. Chaque idée est accompagnée d'une adaptation qui a fonctionné pour nous et nos collègues.

Les conférences élève-parents-enseignant

L'enseignant détermine l'horaire des conférences d'une durée de 15 à 20 minutes. Pendant cette conférence les parents ou les tuteurs, l'enseignant et l'élève passent en revue les apprentissages qui ont pris place au cours du trimestre. Chaque participant doit se préparer à jouer un rôle actif lors de la rencontre. Un résumé de la conférence peut fournir des renseignements utiles pour la rédaction des commentaires du bulletin scolaire ou peut être utilisé en tant que rapport écrit.

Conférence
Élève-parents-enseignant

**École secondaire
Mont-Vert**

Figure 17 : Dépliant pour une conférence élève-parents-enseignant
Documents reproductibles en annexe, p. 68-69

**École secondaire
Mont-Vert**

Chers parents ou tuteurs,

Vous êtes invités à participer à une conférence, le _____
DATE

Lors de cette conference l'élève, les parents et l'enseignant se réuniront pour discuter des apprentissages qui ont pris place au cours du trimestre. La rencontre durera 15 minutes. Votre fille/fils a recueilli des échantillons de ses travaux et vous les présentera afin de discuter de son apprentissage.

En travaillant de concert, nous pourrons soutenir l'apprentissage de votre fille ou de votre fils. Au plaisir de vous rencontrer.

Je vous prie d'agréer,

_____
SIGNATURE DE L'ENSEIGNANT

Déroulement

Le principal objectif de la conférence est de soutenir l'apprentissage de votre fille ou de votre fils. Au cours de cette rencontre, nous pourrons :

1. Discuter de ses forces et des progrès accomplis.
2. Examiner des échantillons de travaux, puis en discuter.
3. Discuter des aspects où il y a place à l'amélioration.
4. Cibler un ou deux objectifs pour le prochain trimestre.
5. Discuter des façons de contribuer à l'atteinte de ces objectifs.

* Un résumé écrit de la conférence sera acheminé à la maison.

Veuillez retourner cette section

_____
Nom de l'élève

_____
Nom des parents ou des tuteurs

Dates souhaitées pour la rencontre

☐ _____

☐ _____

Heure souhaitée pour la rencontre

☐ _____

☐ _____

DÉROULEMENT

Avant la conférence

Au début du trimestre

1. Informez les élèves qu'ils participeront à une conférence élève-parents-enseignant. Insistez sur l'importance de leur participation à cette rencontre. Expliquez le déroulement de la conférence en utilisant le dépliant qui sera envoyé aux parents (voir la figure 17).

Pendant le trimestre

1. Allouez du temps aux élèves afin qu'ils puissent recueillir une variété d'exemples de travaux à présenter lors de la conférence.

2. Invitez les élèves à rédiger un commentaire sur chacun de leurs travaux afin d'expliquer pourquoi ils les ont choisis.

Environ deux semaines avant la conférence

1. Envoyez, à la maison, un dépliant à l'attention des parents. Demandez aux parents de remplir et de retourner la section détachable à l'école.

2. Remettez un feuillet aux élèves afin qu'ils résument leurs apprentissages (voir la figure 18).

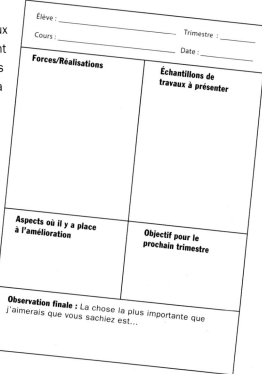

Figure 18 : Feuillet récapitulatif de l'élève

Document reproductible en annexe, p. 70

3. Invitez les élèves à répéter avec un partenaire ce qu'ils présenteront lors de la conférence et ce dont ils discuteront.

4. Envoyez aux parents un feuillet récapitulatif indiquant la date et l'heure de la conférence ainsi que quelques pistes de réflexion en prévision de cette rencontre (voir la figure 19).

5. Remplissez votre propre feuillet pour chaque élève (voir la figure 20).

Date _____

Veuillez noter que la conférence aura lieu :

le _____
DATE

à _____
HEURE

Chers parents ou tuteurs,

En prévision de la conférence, je vous prie de prendre quelques minutes afin d'écrire quelques idées au sujet de votre fille ou de votre fils. Vous pouvez aussi mentionner des réussites qui ont eu lieu à la maison ou à l'école.

Je vous prie d'agréer,

_____
SIGNATURE DE L'ENSEIGNANT

Les points forts, les progrès, les réalisations :	Un ou deux points où vous souhaiteriez voir une amélioration :	Un objectif spécifique :

Remarque : Merci d'apporter ces notes à la conférence. Vous pourrez les consulter pendant la discussion. (Vous ne devez pas retourner ce feuillet à l'école.)

Figure 19 : Feuillet récapitulatif des parents
Document reproductible en annexe, p. 71

Pendant la conférence

1. Accueillez l'élève et demandez-lui de vous présenter ses parents ou ses tuteurs.

2. Passez en revue le déroulement de la rencontre en précisant la durée et les sujets traités. Mentionnez aux participants que vous allez prendre des notes.

3. Demandez à l'élève de discuter de deux ou trois points forts et de présenter des échantillons de travaux à titre de preuves d'apprentissage. Ensuite, invitez les parents à discuter de deux ou trois points forts (des choses que leur fille ou leur fils réussit bien à l'école ou à la maison). Concluez en faisant part de deux ou trois forces que vous avez observées chez l'élève ou en présentant des preuves d'apprentissage supplémentaires qui témoignent des forces dont il a été question.

4. Invitez l'élève à discuter d'un ou deux points à améliorer. Ensuite, demandez aux parents de discuter à leur tour d'un ou deux points que leur fille ou leur fils devrait améliorer. Si une préoccupation importante a été omise, rappelez les conversations précédentes relatives à cette préoccupation. Discutez-en plus longuement.

Feuillet récapitulatif de l'enseignant

Élève _____ Trimestre _____

Matière(s) _____ Date _____

Points forts	Points à améliorer
	Notes supplémentaires
Objectif(s) possible(s)	

Figure 20 : Feuillet récapitulatif de l'enseignant
Document reproductible en annexe, p. 72

Compte rendu pour   *Liam Rogers*

Voici le compte rendu de la conférence parents-enseignant-élève tenue le   *18 novembre*

Points forts :

- *travaille bien avec les autres et par lui-même; démontre une attitude positive*
- *ses réponses en lecture indiquent qu'il comprend l'intrigue et les personnages*
- *utilise les termes historiques appropriés (note 27 / 28), pose des questions, utilise diverses ressources pour effectuer ses recherches (note pour le projet 45 / 50) et comprend les concepts enseignés (voir l'échantillon de la carte conceptuelle)*
- *comprend les concepts mathématiques enseignés, y compris les exposants, la géométrie et les calculs de pourcentage; une note typique obtenue pour la révision de l'unité d'apprentissage est 80 %*
- *le projet d'écologie démontre son intérêt et ses habiletés en sciences (note 29 / 35) pour ce trimestre*

Points à améliorer :

Comme discuté, le cahier de notes de Liam manque d'organisation. Liam perd souvent des feuilles et il ne remet pas certains travaux à temps. Par exemple, en sciences, il aurait vraisemblablement amélioré sa note globale s'il avait tenu à jour son cahier de rapports scientifiques et si ce dernier avait été complet.

Objectif(s) : *Être mieux organisé et remettre les travaux à temps*

Plan : Utiliser un cahier à anneaux avec des séparateurs pour chaque matière
Utiliser l'agenda de l'école pour inscrire les devoirs

Appui : Les parents vérifieront et signeront l'agenda.
L'enseignant vérifiera l'agenda pour s'assurer que Liam y a noté toutes les dates d'échéances.

Liam R.	*C. St*	*Marlene Rogers*
SIGNATURE DE L'ÉLÈVE	SIGNATURE DE L'ENSEIGNANT	SIGNATURE DU PARENT

Figure 21 : Compte rendu

5. Invitez l'élève à discuter d'un objectif qu'il aimerait atteindre et à préciser comment il planifie y parvenir. Les parents ou l'enseignant peuvent suggérer un autre objectif tout en gardant à l'esprit qu'il est préférable de se concentrer sur un ou deux objectifs spécifiques. Déterminez les façons d'appuyer l'élève à l'école et à la maison dans l'atteinte de ses objectifs. Ensuite, demandez à l'élève de lire son observation finale pour clore la rencontre.

6. Remerciez l'élève et les parents d'avoir pris part à la conférence. Précisez comment et quand le compte rendu leur sera communiqué.

Après la conférence

1. Envoyez le compte rendu de la conférence accompagné d'un formulaire de rétroaction aux parents (voir les figures 21 et 22).

2. Faites un bilan de la conférence avec l'élève (oralement ou par écrit).

3. Utilisez l'information recueillie pour revoir et perfectionner la démarche utilisée.

ADAPTATIONS

Lorsque les élèves participent pour la première fois à une conférence élève-parents-enseignant, nous invitons les élèves des années antérieures à venir parler de leur expérience concernant ce genre de rencontre. Nous faisons également un jeu de rôles où l'enseignant incarne un élève durant une conférence.

Parents ou tuteurs

Nous aimerions recevoir vos commentaires afin d'améliorer le déroulement des conférences élève-parents-enseignant. Merci de prendre le temps de remplir ce formulaire et de le retourner à l'école.

Deux éléments que vous avez aimés au sujet de la conférence :

_____

_____

Une suggestion :

_____

_____

Une question :

_____

Figure 22 : Formulaire de rétroaction des parents

Document reproductible en annexe, p. 73

Si les élèves n'ont pas le temps de présenter toutes leurs preuves d'apprentissage durant la conférence, nous les encourageons à apporter celles-ci à la maison. Nous invitons également les parents à nous indiquer s'ils souhaiteraient une rencontre séparée, sans la présence de l'élève.

Si l'élève reçoit l'appui d'autres intervenants à l'école, nous invitons souvent ces derniers à assister et à prendre part à la conférence.

Dans certaines écoles, le compte rendu remplace le bulletin scolaire. Dans d'autres, le compte rendu remplace les banques de commentaires uniformisés et il est joint au bulletin scolaire.

Consultez la page 54 du chapitre 3, « Questions et réponses », pour obtenir un éventail de scénarios qu'utilisent les enseignants afin d'impliquer les élèves dans les conférences élève-parents-enseignant.

Les conférences relatives au plan d'enseignement individualisé (PEI)

En cours d'année l'élève, les parents, l'enseignant et les autres membres de l'équipe du plan d'enseignement individualisé (PEI) se rencontrent afin d'examiner le PEI. Un compte rendu de cette conférence visant la révision du PEI peut servir de fondement pour la communication du rendement.

DÉROULEMENT

Avant la conférence

1. Communiquez avec tous les participants afin de convenir de l'heure et du lieu de la conférence.

2. Demandez à tous les participants de remplir une fiche récapitulative (voir la figure 23).

3. Faites une entrevue avec l'élève (et son enseignant-guide, s'il y a lieu) et prenez des notes (voir la figure 24).

4. Aidez l'élève et l'enseignant-guide dans la collecte d'échantillons de travaux à présenter lors de la conférence.

5. Remplissez votre propre fiche récapitulative.

6. Préparez l'ordre du jour, puis envoyez-le par courrier ou remettez-le aux participants lors de la conférence.

Fiche récapitulative du participant – Révision du PEI

Les progrès et le développement que j'ai remarqués :

Les pratiques qui donnent de bons résultats (à la maison, à l'école) :

Un ou deux points sur lesquels porter une attention particulière :

Figure 23 : Fiche récapitulative du participant – Révision du PEI
Document reproductible en annexe, p. 74

Questions pour les élèves – Entrevue pour le PEI

Qu'as-tu aimé faire durant ce trimestre?

Nomme une chose que ton enseignant ou une autre personne a faite et qui t'a aidé à apprendre.

Quels projets ou travaux veux-tu présenter lors de la conférence?

Nomme une chose à laquelle tu aimerais t'améliorer.

Figure 24 : Questions pour les élèves – Entrevue pour le PEI

Pendant la conférence

1. Accueillez et présentez tous les participants.

2. Expliquez le déroulement de la révision du PEI en présentant l'ordre du jour et en précisant la durée de la conférence. Informez le groupe que vous prendrez des notes.

3. Invitez l'élève à discuter de ce qu'il a aimé faire au cours du trimestre et à présenter ses échantillons de travaux. Au besoin, posez des questions à l'élève et guidez-le afin de l'appuyer lors de sa présentation.

4. Invitez les parents, les enseignants et les membres de l'équipe du PEI à discuter des progrès et du développement de l'élève à l'école et à la maison. Résumez les discussions et prenez des notes en vous assurant de discuter des objectifs du PEI. Au besoin, utiliser des échantillons de travaux en tant que preuves d'apprentissage.

5. Demandez à l'élève ce qu'il aimerait améliorer ou apprendre. Ensuite, demandez aux parents et aux membres de l'équipe du PEI ce sur quoi l'élève doit travailler. Résumez la discussion et signalez tout autre élément de préoccupation. Veillez à ce que ces préoccupations soient prises en compte dans les objectifs du PEI.

6. Invitez les participants à discuter des stratégies efficaces utilisées pour aider l'élève. Résumez l'information pour le groupe.

7. Demandez aux participants si d'autres facteurs sont à considérer, par exemple, des références ou des décisions en matière de placement.

8. Remerciez tous les participants d'avoir pris part à la révision du PEI. Informez les participants qu'un résumé écrit leur sera acheminé (voir la figure 25).

Après la conférence

1. Discutez avec l'élève de la conférence et du résumé écrit. Demandez-lui s'il a des questions ou des suggestions.

2. Envoyez le résumé écrit de la révision à tous les membres de l'équipe du PEI. Invitez ces derniers à soumettre des suggestions ou des commentaires afin d'améliorer les conférences ultérieures.

Figure 25 : Résumé de la révision du PEI

Résumé de la révision du PEI

Enseignant(s) : _____

Élève : _____ Trimestre : _____

Date : _____

Façons efficaces de travailler avec l'élève :

Progrès et développement :

Recommandations ou rappels :

Points sur lesquels porter une attention particulière :

Les conférences élève-enseignant

L'enseignant rencontre chaque élève individuellement pour examiner l'apprentissage qui a pris place. L'élève dirige la conférence et présente les preuves d'apprentissages par rapport aux normes et aux objectifs de la matière ou du cours.

DÉROULEMENT

Avant la conférence

Au début du cours

1. Expliquez aux élèves que la conférence individuelle est une exigence du cours. Au cours de la conférence, ils devront présenter des preuves d'apprentissage en lien avec les objectifs du cours. Indiquez aux élèves que c'est eux qui dirigeront la conférence et non l'enseignant.

2. Présentez des exemples de preuves d'apprentissage possibles qui répondent aux objectifs du cours, puis discutez-en avec les élèves (voir la figure 26).

Pendant le cours

1. Présentez un jeu de rôle simulant une conférence élève-enseignant, dans lequel l'enseignant incarne l'élève.

2. Rappelez aux élèves qu'ils doivent conserver tous les travaux complétés en classe et à l'extérieur de la classe en tant que preuves d'apprentissage. À l'occasion, invitez des volontaires à présenter des preuves d'apprentissage en lien avec un objectif spécifique du cours, puis à en discuter.

Objectifs pour le cours de Français L'élève pourra :	Preuves d'apprentissage possibles
1. Lire un éventail de textes appartenant à différents genres	• liste de livres lus • les dix lectures préférées • toile des genres complétée • observations formulées par d'autres membres concernant des lectures faites à la maison
2. Rédiger des réponses qui démontrent une compréhension de lecture	• journal de lecture autonome • sélection des « meilleures réponses » • autoévaluations • observations des pairs / autres
3. Rédiger un éventail de textes appartenant à différents genres portant sur divers sujets	• portfolio d'écriture • liste des sujets abordés • liste des genres de textes
4. Démontrer une compréhension des règles de langues et des conventions linguistiques (orthographe, ponctuation, grammaire, syntaxe)	• résultats d'évaluations • recueil de publications • portfolio d'écriture • échantillons de révision de textes
5. Travailler efficacement, seul ou en groupe	• évaluation par les pairs • autoévaluations • résultats de projets de groupe • résultats de travaux individuels

Figure 26 :
Objectifs du cours

Vers la fin du cours

1. Prévoyez du temps avec chaque élève pour tenir une conférence élève-enseignant.

2. Demandez aux élèves de préparer un récapitulatif de leur apprentissage, y compris une observation finale qu'ils pourront lire ou dont ils pourront discuter afin de conclure la rencontre (voir la figure 27).

Élève : _David_ Semestre : _1_	
Matière : _Français_	
Objectifs pour le cours de Français L'élève pourra :	**Preuves d'apprentissage** Tâches, autoévaluation, observations des autres, évaluations, cahiers de notes :
1. Lire un large éventail de textes de genres variés	• Apporter mes dix livres préférés • Présenter mes auteurs préférés et en discuter
2. Rédiger des réponses qui démontrent une compréhension de lecture	• Montrer les pages du 18 octobre au 14 novembre de mon journal de lecture autonome
3. Rédiger un éventail de textes appartenant à différents genres	• Portfolio • Montrer tous les genres de textes que j'ai rédigés – *mon article de journal
4. Démontrer une compréhension des règles d'écriture (orthographe, ponctuation, grammaire, syntaxe)	• Apporter mes tests et mon composition
5. Travailler efficacement, seul ou en groupe	• Apporter l'évaluation de mes pairs concernant ma présentation orale portant sur le général Patton
Observation finale : j'ai fait des lectures de livres plus difficiles que les autres élèves de la classe. Je préfère lorsque nous pouvons choisir nos propres livres.	

Figure 27 : Récapitulatif de la conférence élève-enseignant

Élève : **David**   Semestre : **1**

Matière : **Français**

Objectifs pour le cours de Français L'élève pourra :	Observations (y compris les évaluations par les pairs)	Conversations (y compris les autoévaluations)	Productions (notes, projets, tests)
1. Lire un large éventail de textes de genres variés	*Lit principalement des récits fantastiques — fait des lectures difficiles, a toujours un livre en main*		*toile de genres de textes incomplète*
2. Rédiger des réponses qui démontrent une compréhension de lecture	*Les entrées quotidiennes du journal sont <u>peu élaborées</u>*		*meilleures réponses : note 10 / 10 5 réponses manquantes sur 20 Acquis 12 En voie d'acquisition 3*
3. Rédiger un éventail de textes appartenant à différents genres		*L'autoévaluation ci-jointe démontre de la perspicacité; est conscient de ses forces, sait qu'il ne termine pas tous ses travaux*	*manque des éléments dans le portfolio (poèmes et biographie) techniques de rédaction 40 / 50 rédaction personnelle 15 / 25*
4. Démontrer une compréhension des règles d'écriture (orthographe, ponctuation, grammaire, syntaxe)	*Connaît les règles — choisit rarement de relire ses travaux*		*tests : règles de grammaire 25 / 25 2 octobre : grammaire 18 / 20 17 octobre : relier des phrases 20 / 20*
5. Travailler efficacement, seul ou en groupe	*Choisit de travailler en groupe chaque fois que l'occasion se présente*		*grille d'évaluation du rendement du travail de groupe 3-2-2-1-3 projet de groupe 80 %*

Figure 28 : Compte rendu de l'enseignant portant sur la conférence élève-enseignant

3. Allouez du temps aux élèves afin qu'ils puissent répéter la présentation de leurs preuves d'apprentissage et de leur observation finale avec un partenaire.

4. Préparez vos propres notes avant la conférence (voir la figure 28).

Pendant la conférence

1. Accueillez l'élève. Rappelez-lui le but de la conférence et le temps alloué pour celle-ci. Informez l'élève que vous prendrez des notes pendant la rencontre.

2. Invitez l'élève à présenter ses preuves d'apprentissage et à en discuter.

3. Au besoin, obtenez plus de renseignements au moyen de questions ou d'énoncés visant à encourager l'élève à s'exprimer : « Donne-moi plus d'information au sujet de... », « J'ai remarqué que... », « Que penses-tu de...? ». Si nécessaire, ajoutez des renseignements tirés des données recueillies de vos propres évaluations.

4. Invitez les élèves à présenter, oralement ou par écrit, une observation finale résumant leur présentation.

5. Remerciez l'élève de sa participation et invitez-le à remplir, de façon anonyme, un formulaire de suggestions.

Après la rencontre

1. Utilisez les notes prises durant la conférence dans le cadre de l'évaluation globale du cours.

2. Lisez les suggestions de l'élève, puis réfléchissez au déroulement de la conférence afin d'améliorer le processus.

ADAPTATIONS

Parfois, les enseignants organisent des conférence élève-en-seignant avec une seule de leurs classes ou seulement avec les élèves pour lesquels ils ont besoin d'obtenir plus de renseignements spécifiques.

Certains enseignants utilisent la conférence élève-enseignant en remplacement de l'examen final. Dans ce cas, les conférences ont lieu durant la semaine des examens.

Certains élèves voudront peut-être inviter une autre personne à assister à la conférence à titre d'observateur (par exemple, un pair, un membre de la famille ou un autre enseignant).

Certains enseignants écrivent une description des cotes « A », « B » et « C » de leur cours (voir la figure 29). Ils utilisent les notes prises durant la conférence en tant qu'élément de preuves d'apprentissage globales.

Description de la cote « A »

Les observations, les conversations et les productions démontrent régulièrement que les élèves sont des :

- *lecteurs autonomes qui choisissent des textes difficiles et de niveau avancé;*
- *lecteurs perspicaces qui rédigent des commentaires de qualité dans leur journal de lecture autonome;*
- *rédacteurs exceptionnels capables de rédiger une variété de formes et de genres de textes en faisant preuve de compétence et de flexibilité (selon l'intention et le destinataire);*
- *rédacteurs habiles qui soumettent des textes sans erreurs, prêts à publier;*
- *apprenants qui collaborent et démontrent leurs habiletés à travailler avec les autres; qui participent aux discussions en posant des questions ou en y répondant; qui partagent leur compréhension personnelle et les liens qu'ils font avec leur vécu.*

Figure 29 : Description de la cote « A »

3. Questions et réponses

Q. **Un conseil scolaire voisin a prescrit la participation des élèves aux conférences et à la communication du rendement. Qu'en pensez-vous?**

R. Cela dépend de la façon dont la mise en œuvre du changement est exigée. Toutes les personnes participant au changement doivent avoir l'occasion et le temps de mettre en forme cette idée de manière à la rendre fonctionnelle pour elles et pour leurs élèves. Ceci exige un échéancier réaliste et un appui continu afin que les enseignants puissent mettre en œuvre le changement. Si ces conditions sont en place, il y a de fortes chances pour que le conseil scolaire connaisse du succès dans la participation des élèves aux conférences et à la communication du rendement.

Q. **Les élèves ne sont-ils pas réticents à inviter leurs parents à l'école ou à discuter de ce qu'ils font à l'école?**

R. En vieillissant, les élèves manifestent généralement le désir de s'affranchir des dépendances familiales. Afin de les encourager à discuter de leur apprentissage avec leurs parents et d'autres adultes, nous leur offrons une variété de choix appropriés à leur âge. Nous allouons du temps en classe aux élèves afin qu'ils se préparent à assumer le rôle principal; ils choisissent les échantillons de travaux qu'ils souhaitent présenter; ils décident souvent de l'auditoire cible et de ce qu'ils présenteront au sujet de leur apprentissage. Nous voulons que les élèves acquièrent graduellement leur indépendance en plus de développer un sens des responsabilités à l'égard de leur apprentissage.

Q. Comment puis-je faire des conférences élève-parents-enseignant lorsque j'ai plus de 100 élèves?

R. Lorsque nous menons des conférences élève-parents-enseignant, telles que décrites dans ce livre, nous limitons leur nombre à environ 30 élèves (même si certains enseignants ont parfois plus de 100 élèves). Les scénarios suivants offrent quelques options à considérer :

Scénario 1 : Une seule classe. Certains enseignants organisent des conférences élève-parents-enseignant avec une seule de leurs classes. Vous pouvez sélectionner le groupe qui sera le plus ouvert à cette approche.

Scénario 2 : Volontaires. Une autre façon de gérer un grand nombre d'élèves consiste à réserver les conférences à ceux qui se portent volontaires. Même si seulement quelques élèves d'une classe décident de participer à la conférence parents-enseignant-élève, nous demandons néanmoins aux autres élèves de conserver des échantillons de travaux. Nous utilisons ces preuves d'apprentissage lors de la rencontre parents-enseignant. Travailler avec les élèves qui choisissent de participer à la conférence avec leurs parents est une manière sûre d'entamer ce processus. Lorsque plus de 30 élèves se portent volontaires, nous trouvons un moyen d'impliquer chacun d'eux dans une conférence avec leurs parents au courant de l'année.

Scénario 3 : Élèves spécifiques. Vous pouvez choisir trois à quatre élèves de chacune de vos classes afin de participer à une conférence élève-parents-enseignant. Vous pouvez cibler des élèves qui éprouvent des difficultés, des élèves qui excellent ou des élèves qui ont besoin de développer un sentiment de confiance. Cette approche fonctionne lorsque tous les élèves d'une classe recueillent des travaux et les commentent tout au long de l'année. Nous ne voulons pas cibler quelques élèves et leur demander de faire du travail supplémentaire parce qu'ils ont été sélectionnés pour participer à la conférence élève-parents-enseignant. Les élèves qui participent à la conférence présentent leurs enchantillons de travaux à leurs parents. Lorsque les élèves ne participent pas à la conférence, c'est l'enseignant qui présente leurs travaux.

Scénario 4 : Équipes d'enseignants (partenaires). Certaines écoles rendent possible les conférences élève-parents-enseignant en invitant des équipes de deux enseignants à se partager le nombre total d'élèves auxquels ils enseignent. Par exemple, un groupe de 60 élèves pourra avoir un enseignant pour le français et les sciences humaines, puis un autre enseignant pour les mathématiques et les sciences. Les deux enseignants auront chacun 30 élèves à rencontrer durant les conférences. Selon notre expérience, faire partie d'une équipe exige de partager les renseignements au sujet des élèves. Dans cette situation, les deux enseignants ont confiance dans leurs connaissances de chaque élève.

Scénario 5 : Équipes d'enseignants (quatre ou plus). Une équipe de quatre enseignants peut se partager un groupe de 120 élèves. Un désavantage possible repose sur le fait que les membres de l'équipe pourraient ne pas connaître suffisamment le rendement spécifique de chaque élève dans chacune des matières pour être en mesure d'en discuter et de répondre aux questions des parents. Lorsque l'équipe d'enseignants a la responsabilité du groupe d'élèves pendant deux ou trois ans (comme dans le cas des programmes d'enseignants-guides), les enseignants connaissent suffisamment les élèves pour que cette approche donne de bons résultats. Lorsque les parents ont des questions au sujet d'une matière spécifique qu'enseigne l'un des enseignants du groupe, on les encourage à discuter avec celui-ci.

Scénario 6 : Choisir les parents. Lorsque nous avons commencé à inclure les élèves dans les conférences élève-parents-enseignant, nous invitions seulement les parents que nous connaissions assez bien. Souvent, nous avions enseigné à un des membres de la famille, et une confiance était déjà établie. Ainsi, nous étions à l'aise d'entreprendre une nouvelle démarche avec eux. Les parents et les élèves nous ont offert une rétroaction honnête et utile afin de nous aider à améliorer cette démarche qui était alors toute nouvelle pour nous.

Il existe plusieurs scénarios utilisés pour impliquer les élèves dans les conférences élève-parents-enseignant. Chaque scénario comporte des avantages et des inconvénients. Nous vous invitons à déterminer la meilleure façon d'impliquer les élèves selon votre situation.

Q. Comment est-ce possible de trouver le temps de mettre en pratique toutes les idées décrites dans ce livre?

R. Nous n'avons pas le temps de tout faire. Ce livre est un recueil d'idées que nous avons utilisées au cours de nombreuses années. Nous vous encourageons à sélectionner une ou deux idées qui vous intéressent, qui sont appropriées pour vos élèves et qui sont adaptées aux directives organisationnelles de votre école. Peu importe quelles idées vous choisissez, commencez par des étapes modestes, par exemple :

- acheminer des échantillons de travaux à la maison;
- essayer de tenir des conférences élève-parents-enseignant; choisir des parents intéressés;
- commencer avec une classe ou une matière.

Nous savons également qu'il n'y a jamais suffisamment de temps pour réaliser tout ce que nous voulons et devons faire au courant d'une année scolaire. Ainsi, il faut déterminer ce que nous devons cesser d'accomplir. Nous tentons d'éliminer les activités qui prennent du temps et qui améliorent peu l'apprentissage de l'élève afin de mieux nous concentrer sur des activités qui appuient vraiment l'apprentissage.

Q. Comment aidez-vous les parents à réagir de façon positive et constructive aux travaux de leurs enfants?

R. Plusieurs parents ne savent pas comment réagir aux travaux de leurs enfants de façon à les appuyer dans leur apprentissage. Ainsi, lorsque nous demandons aux parents d'offrir une rétroaction, nous leur proposons des amorces de phrases à compléter, telles que : « Deux choses que j'ai aimées… » et « Une recommandation que j'aimerais formuler… ». De plus, nous transmettons de l'information par l'entremise du bulletin d'information de l'école en soulignant l'importance du rôle des parents en tant qu'auditoire; nous insistons sur l'importance d'écouter, de poser des questions et d'offrir une rétroaction descriptive. Néanmoins, certains parents continueront de réagir d'une façon qui n'appuiera pas suffisamment l'apprentissage de leur enfant. C'est pourquoi nous proposons aux élèves un éventail d'auditoires afin qu'ils en sélectionnent un de leur choix.

Q. Impliquer les élèves semble exiger beaucoup de travail supplémentaire. Est-ce que cela en vaut la peine?

R.   Black et Wiliam (1998) ont effectué une méta-analyse visant à examiner l'évaluation en salle de classe qui appuie l'apprentissage des élèves. Une des conclusions clés révèle que lorsque les enseignants impliquent les élèves dans les pratiques d'évaluation, « les gains observés en matière de rendement sont plus significatifs qu'avec toute autre intervention éducative » (p. 67; traduction libre). Notre expérience appuie les résultats de ces études. Impliquer les élèves dans les conférences et la communication du rendement est un bon investissement.

Q. Nos parents sont très occupés. Ils n'ont pas le temps de venir à l'école ou de faire des commentaires sur les travaux de leurs enfants. Comment peut-on les impliquer davantage?

R.   La plupart des parents veulent aider leurs enfants à réussir à l'école. Toutefois, plusieurs d'entre eux n'ont pas le temps (ou l'intérêt) de participer à des rencontres, d'offrir de l'aide aux devoirs. Par contre, nous avons remarqué que les parents trouveront le temps. Lorsque les élèves entament des conversations avec leurs parents, présentent leurs preuves d'apprentissage et en discutent, les adultes s'arrêtent et écoutent.

Conclusion

Lorsque nous impliquons les élèves dans les conférences et la communication du rendement, ils assument le rôle principal en choisissant et en présentant des échantillons de travaux, en démontrant leurs habiletés, en discutant de leur apprentissage et en demandant à leur auditoire de réagir. « Ce qui est important » pour nous, c'est que l'implication des élèves dans les conférences et la communication du rendement appuie leur apprentissage.

Rencontres et communication de l'apprentissage est le troisième livre de la série « Savoir ce qui est important », qui compte trois livres décrivant diverses façons d'impliquer les élèves dans tous les aspects de l'évaluation formative. La série comprend également les livres suivants : *Établir et utiliser des critères* (livre 1) ainsi que *L'autoévaluation et la détermination des objectifs* (livre 2). Le point de mire de chaque livre porte sur les pratiques d'évaluation à privilégier pour soutenir l'apprentissage de tous les élèves.

Annexes : Documents Reproductibles

Note : Les pages suivantes peuvent être reproduites pour l'utilisation en salle de classe. Afin d'agrandir celles-ci dans un format régulier, programmer le photocopieur à 143 pourcent en alignant le haut de la page du livre avec la bordure correspondante de la surface vitrée du photocopieur.

Matière : _____

Nom : _____

Table des matières pour : _____

Sélectionner des exemples qui démontrent :	Ton exemple
☐ un point fort	
☐ une amélioration	
☐ une collaboration fructueuse	
☐ un travail original	
☐ autre : _____	

Après-midi portfolio **Rétroaction de l'auditoire**

Deux compliments pour : _____ :

-

-

Une chose que j'aimerais voir la prochaine fois :

-

Date : _____   Signature : _____

Après-midi portfolio **Rétroaction de l'auditoire**

Deux compliments pour : _____ :

-

-

Une chose que j'aimerais voir la prochaine fois :

-

Date : _____   Signature : _____

Enveloppe d'objectifs de : _____   **Rétroaction de :** _____

Étape : _____   Matière (s) : _____   Félicitations :

Mon objectif pour cette étape est :   –

_____

_____   –

Mes preuves démontrent que :
- ☐ je travaille à atteindre mon objectif
- ☐ j'ai atteint mon objectif   La prochaine fois :

1. _____

2. _____

3. _____

Étape : _____   Matière (s) _____   **Rétroaction de :** _____

Mon objectif pour cette étape est :   Félicitations :

_____   –

_____

Mes preuves démontrent que :   –
- ☐ je travaille à atteindre mon objectif
- ☐ j'ai atteint mon objectif

1. _____   La prochaine fois :

2. _____

3. _____

Prise de photos

Placer la photo ici

Je vous prie de porter une attention particulière à cette photo. C'est une photo de : _____

_____

_____

Merci de remarquer que :

Date : _____ Signature : _____

Rétroaction de _____

	C'est clair	Ce n'est pas clair
1. Après avoir lu les critères, je comprends ce qui était demandé dans ce travail.		
2. Les critères m'ont aidé à déterminer ce qui était correctement accompli dans ton travail.		
3. Je peux déterminer ce sur quoi tu dois travailler dans les prochaines étapes.		

Commentaires :

_____

_____

_____

_____

Titre de la manchette :	Titre de la manchette :
Par :	Par :
Date et lieu :	Date et lieu :
Jusqu'à présent, dans le cours _____ nous avons travaillé les éléments suivants :	Jusqu'à présent, dans le cours _____ nous avons travaillé les éléments suivants :
-	-
-	-
-	-
Je suis bonne ou bon à…	Je suis bonne ou bon à…
Je m'améliore à…	Je m'améliore à…
Je dois améliorer…	Je dois améliorer…
Une chose que je souhaite faire…	Une chose que je souhaite faire…
Un mot pour décrire mes efforts en classe…	Un mot pour décrire mes efforts en classe…
Une chose que j'aimerais ajouter…	Une chose que j'aimerais ajouter…

Tiré de *Conferencing and Reporting*, coll. « Knowing What Counts », 2e édition, de K. Gregory, C. Cameron et A. Davies. ©2011, Connections Publishing.
Reproduction autorisée pour un usage en salle de classe seulement.

Conférence
Élève-parents-enseignant

(Logo de l'école)

(NOM DE L'ÉCOLE ET DATE)

Chers parents ou tuteurs,

Vous êtes invités à participer à une

conférence, le _____

DATE

Lors de cette conférence, l'élève, les parents et l'enseignant se réuniront pour discuter des apprentissages qui ont pris place au cours du trimestre. La rencontre durera 15 minutes. Votre fille/fils a recueilli des échantillons de ses travaux et vous les présentera afin de discuter de son apprentissage.

En travaillant de concert, nous pourrons soutenir l'apprentissage de votre fille ou de votre fils. Au plaisir de vous rencontrer.

Je vous prie d'agréer,

_____
SIGNATURE DE L'ENSEIGNANT

Déroulement

Le principal objectif de la conférence est de soutenir l'apprentissage de votre fille ou de votre fils. Au cours de cette rencontre, nous pourrons :

1. Discuter de ses forces et des progrès accomplis.
2. Examiner des échantillons de travaux, puis en discuter.
3. Discuter des aspects où il y a place à l'amélioration.
4. Cibler un ou deux objectifs pour le prochain trimestre.
5. Discuter des façons de contribuer à l'atteinte de ces objectifs.

* Un résumé écrit de la conférence sera acheminé à la maison.

Veuillez retourner cette section

_____
Nom de l'élève

_____
Nom des parents ou des tuteurs

Dates souhaitées pour la rencontre

☐ _____

☐ _____

Heure souhaitée pour la rencontre

☐ _____

☐ _____

Élève : _____ Trimestre : _____

Cours : _____ Date : _____

Forces/Réalisations	Échantillons de travaux à présenter
Aspects où il y a place à l'amélioration	**Objectif pour le prochain trimestre**

Observation finale : La chose la plus importante que j'aimerais que vous sachiez est...

Date _____

| Veuillez noter que la conférence aura lieu : |
| le _____ |
| DATE |
| à _____ |
| HEURE |

Chers parents ou tuteurs,

En prévision de la conférence, je vous prie de prendre quelques minutes afin d'écrire quelques idées au sujet de votre fille ou de votre fils. Vous pouvez aussi mentionner des réussites qui ont eu lieu à la maison ou à l'école.

Je vous prie d'agréer,

_____
SIGNATURE DE L'ENSEIGNANT

Les points forts, les progrès, les réalisations :	Un ou deux points où vous souhaiteriez voir une amélioration :	Un objectif spécifique :

Remarque : Merci d'apporter ces notes à la conférence. Vous pourrez les consulter pendant la discussion. (Vous ne devez pas retourner ce feuillet à l'école.)

Feuillet récapitulatif de l'enseignant

Élève _____ Trimestre _____

Matière(s) _____ Date _____

Points forts

Points à améliorer

Notes supplémentaires

Objectif(s) possible(s)

Parents ou tuteurs

Nous aimerions recevoir vos commentaires afin d'améliorer le déroulement des conférences élève-parents-enseignant. Merci de prendre le temps de remplir ce formulaire et de le retourner à l'école.

Deux éléments que vous avez aimés au sujet de la conférence :

_____

_____

Une suggestion :

_____

_____

Une question :

_____

Fiche récapitulative du participant – Révision du PEI

Les progrès et le développement que j'ai remarqués :

Les pratiques qui donnent de bons résultats (à la maison, à l'école) :

Un ou deux points sur lesquels porter une attention particulière :

Bibliographie

Angelo, T. A. et K. P. Cross. 1993. *Classroom Assessment Techniques: A Handbook for College Teachers*, 2e éd., San Francisco, CA, Jossey-Bass Publishers.

Black, P. et D. Wiliam, 1998. « Assessment and classroom learning », *Assessment in Education*, 5 (1); p. 7-75.

Cameron, C., B. Tate, D. Macnaughton et C. Politano. 1999. *Recognition without Rewards*. Winnipeg, Manitoba, Peguis Publishers.

Davies, A., C. Cameron, C. Politano et K. Gregory. 1992. *Together Is Better: Collaborative Assessment, Evaluation, and Reporting*. Winnipeg, Manitoba, Peguis Publishers.

Davies, A. 2011. *Making Classroom Assessment Work*, 3rd Edition. Courtenay, C.-B., Connections Publishing.

Gregory, K., C. Cameron et A. Davies. 2011. *Self-Assessment and Goal Setting*, 2nd Edition Coll. « Knowing What Counts ». Courtenay, C.-B., Connections Publishing.

Gregory, K., C. Cameron et A. Davies. 2011. *Setting and Using Criteria*, 2nd Edition. Coll. « Knowing What Counts ». Courtenay, C.-B., Connections Publishing.

Henderson, A. et N. Berla. 1995. *A New Generation of Evidence: The Family Is Critical to Student Achievement*. Washington, D.C., Center for Law and Education.

Jensen, E. 1998. *Teaching with the Brain in Mind*. Alexandria, VA, ASCD.

Kohn, A. 1999. *The Schools Our Children Deserve*. New York, Houghton Mifflin.

Preece, A. « Involving students in self-evaluation », dans A. Costa et B. Kallick. 1995. *Assessment in the Learning Organization*. Alexandria, VA, ASCD.

Stiggins, R. 2004. *Student-Involved Assessment for Learning*. 4e éd. Upper Saddle River, NJ, Pearson Prentice Hall.

Sutton, R. 1997. *The Learning School*. Salford, Angleterre, Sutton Publications.

Werner, E. et R. Smith, 1992. *Overcoming the Odds: High Risk Children from Birth to Adulthood*. Ithaca, NY, Cornell University Press.

Wiggins, G. 1993. *Assessing Student Performance: Exploring the Purpose and Limits of Testing*. San Francisco, CA, Jossey-Bass Publishers.

Kathleen Gregory, B.A., M. Éd., possède plus de 30 ans d'expérience en enseignement aux paliers secondaire, primaire et intermédiaire. Experte des pratiques d'évaluation et des stratégies en matière de littératie, elle a agi à titre de coordonnatrice du programme d'enseignement en plus d'œuvrer en tant qu'enseignante auxiliaire auprès d'enseignantes, d'enseignants et d'équipes scolaires intégrant des élèves ayant des besoins particuliers. Autrefois enseignante-résidente à l'Université de Victoria, Kathleen Gregory est présentement instructrice de cours de littératie et de pratiques évaluatives destinés aux enseignants en formation. Elle agit également à titre de consultante auprès de plusieurs conseils scolaires désireux de développer des approches en lien avec les rencontres d'élèves, la communication du rendement et les stratégies d'évaluation authentiques.

Caren Cameron, M. Éd., a œuvré en tant qu'enseignante, directrice des programmes d'enseignement en plus d'être chargée de cours à l'Université de Victoria. À l'heure actuelle, elle est consultante en éducation et travaille auprès de conseils scolaires partout au Canada. Elle aborde avec eux divers sujets tels que l'évaluation et le leadership. Elle est également coauteure d'une douzaine de livres pratiques parmi lesquels on compte une série destinée à ses collègues des paliers primaire et intermédiaire, laquelle est intitulée *Voices of Experience*.

Anne Davies, Ph.D., est chercheure, rédactrice, et consultante. Elle a été enseignante, administratrice scolaire, leader du système éducatif et a enseigné à différentes universités canadiennes et américaines. Elle est auteure de plus de 30 manuels et ressources multimédias, en plus de plusieurs articles et chapitres de livres. Elle est l'auteure et la coauteure de livres à succès, parmi lesquels se trouvent *L'évaluation en cours d'apprentissage* et des livres de la série « Savoir ce qui important » ainsi que « Leaders ». Récipiendaire de la bourse Hilroy Fellowship for Innovative Teaching, Anne Davies continue de soutenir ses collègues dans l'approfondissement de leurs connaissances de l'évaluation au service de l'apprentissage et au service des apprenants.

Ressources disponibles auprès de connect2learning

Les livres et les ressources multimédias ci-dessous sont disponibles auprès de connect2learning. Nous offrons des tarifs dégressifs pour les achats en grande quantité.

Ressources aux fins d'évaluation en classe

La collecte de preuves et les portfolios : la participation des élèves
à la documentation pédagogique.. ISBN 978-1-928092-09-4

Making Physical Education Instruction and Assessment Work .... ISBN 978-1-928092-08-7

Collecting Evidence and Portfolios: Engaging Students in Pedagogical
Documentation.. ISBN 978-1-928092-05-6

Grading, Reporting, and Professional Judgment in Elementary Classrooms .. ISBN 978-1-928092-03-2

Making Writing Instruction Work .... ISBN 978-1-928092-02-5

Making Classroom Assessment Work – Third Edition .... ISBN 978-0-9867851-2-2

L'évaluation en cours d'apprentissage .... ISBN 978-2-7650-1800-1

Quality Assessment in High Schools: Accounts From Teachers .... ISBN 978-0-9867851-5-3

A Fresh Look at Grading and Reporting in High Schools .... ISBN 978-0-9867851-6-0

Setting and Using Criteria – Second Edition .... ISBN 978-0-9783193-9-7

Établir et utiliser des critères – Deuxième édition .... ISBN 978-0-9867851-7-7

Self-Assessment and Goal Setting – Second Edition .... ISBN 978-0-9867851-0-8

L'autoévaluation et la détermination des objectifs - Deuxième edition .... ISBN 978-0-9867851-9-1

Conferencing and Reporting – Second Edition .... ISBN 978-0-9867851-1-5

Rencontres et communication de l'apprentissage - Deuxième édition .... ISBN 978-1-928092-00-1

Ressources pour les facilitateurs et les dirigeants

Residency: Powerful Assessment and Professional Practice .... ISBN 978-0-928092-04-9

Lesson Study: Powerful Assessment and Professional Practice .... ISBN 978-0-9867851-8-4

Leading the Way to Assessment for Learning: A Practical Guide .... ISBN 978-0-9867851-3-9

Transforming Schools and Systems Using Assessment:
A Practical Guide .... ISBN 978-0-9867851-4-6

Protocols for Professional Learning Conversations .... ISBN 978-0-9682160-7-1

When Students Fail to Learn .... ISBN 978-0-9783193-7-3

Assessment for Learning K-12 (Multimedia) .... ISBN 978-0-9783193-8-0

Assessment of Learning: Standards-Based Grading and Reporting
(Multimedia) .... ISBN 978-0-9736352-8-7

Facilitator's Guide to Classroom Assessment K-12 (Multimedia) .... ISBN 978-0-9736352-0-1

Pour commander

Téléphone : (800) 603-9888 (sans frais en Amérique du Nord)
(250) 703-2920

Télécopieur : (250) 703-2921

Courriel : books@connect2learning.com

Site web : www.connect2learning.com

Courrier : connect2learning
2449D rue Rosewall
Courtenay, C.-B., V9N 8R9
Canada

connect2learning tient des événements, des ateliers et des cyberconférences sur l'évaluation et d'autres sujets liés à l'éducation, aussi bien pour les enseignants que les dirigeants d'école et d'arrondissements scolaire. Veuillez communiquer avec nous pour obtenir le catalogue complet de nos ressources.